REINOS DO REINO, MONTANHAS E O TRONO DA GRAÇA

Escrita por
Lindi Masters

Ilustrada por
Lizzie Masters

Escrita por Lindi Masters©	Ilustrada por Lizzie Masters©

Este livro pertence a:

_____

REINO DOS REINOS

Eternidade

Perfeição

Céu dos Céus

Céu

Reino do Céu

Reino de Deus

Reino da Terra

O Céu é um lugar maravilhoso.

Fica noutra dimesão e está sempre disponível para visitar quando quizeres.

O Céu tem muitas dimensões. Não é um lugar único.

João 14:2 diz: "No coração do Meu Pai há muitas dimensões."

Reino de Deus

Reino da Terra

Reino da Terra

No Reino da Terra é onde se encontra o tribunal móvel.

Isto é onde o acusador nos acusa.

Isto é onde nós adquirimos perdão e os pergaminhos e onde o acusador satanás é julgado.

1 João 1:9

Reino do Céu

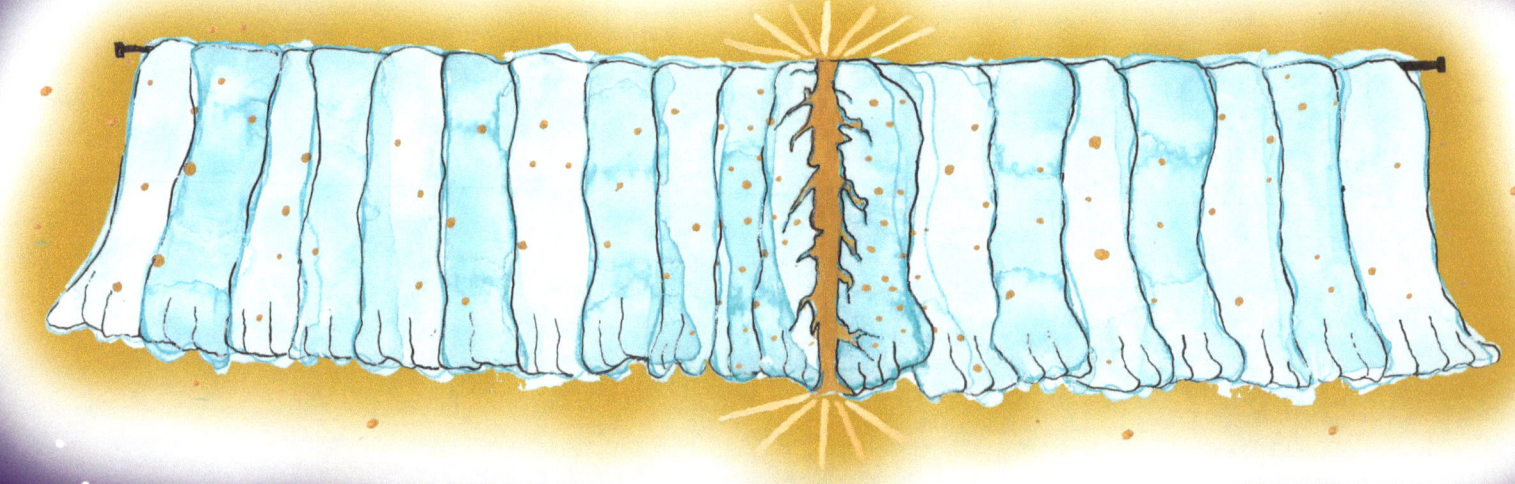

Reino de Deus

Reino de Deus

Nós entramos no Reino de Deus pelo véu de YHVH יהוה e pelo Seu Sangue.

Este é o novo e vivo caminho.

Na atmosféra do Céu é o reino do Seu governo.

Hebreus 10:19-20

Céu

Reino do Céu

Reino do Céu

No Reino do Céu encontramos os reinos
do domínio.

Domínio quer dizer onde nós podemos
mandar, ter poder e governar
como Senhores.

Céu

Céu

Este é o Reino onde Jeová, YHVH יהוה, vive, é aqui que podes operar como um Rei.

Encontramos o Pátio Externo, o Santuário e o Lugar Santíssimo neste Reino.

Perfeição

Céu dos Céus

Céu dos Céus

Aqui podemos operar como um rei dos reis. Este é o lugar do Seu domínio.

Quando estamos a comando de algo ou governamos algo, então temos domínio sobre isso.

Eternidade

Perfeição

Perfeição e Eternidade

Perfeição é o lugar do Seu governo, este é o tribunal onde os 70 chanceleres se sentam e governam.

Eternidade é o lugar da Sua presença.

MONTANHAS

Nós todos temos montanhas que Jesus nos deu.

Montanhas mostram-nos o lugar de governo em nossas vidas.

Se existe dragões na nossa montanha nós podemos matá-los com a espada do espíri-to.

Podes sentar-te na montanha da tua vida e governar e reinar.

1 Pedro 2:9
"Mas vós sois o tesouro escolhido.
Sacerdotes que são Reis."

Vamos praticar .....

Fechas os olhos

Entra pelo véu da Sua carne

Faz um triângulo com as mãos

Canta יהוה pelo triângulo

Vê a montanha da tua vida

O TRONO DA GRAÇA

O Trono da Graça não é onde fica o tribunal móvel.

Este é o lugar onde qualquer um pode obter Sua misericórdia quando precisamos.

Entra pelo véu da Sua carne para o Trono da Graça.

Vem ao Seu Trono de diz, "por favor dê-me graça e misericórdia para ajudar-me porque eu tenho uma necessidade."

Este é um lugar emocionante onde o Espírito Santo nos traz para a dimensão de Jeová sempre que precisamos.

The twenty-four elders
fall down before Him who sits on
the throne and worship Him who lives forever
and ever, and cast their crowns before the
throne.
Revelations 4:10

Out of my heart shall flow rivers of living water

Gods Throne

John 7:38

Realms of his kingdom

ETERNITY
Perfection
Heaven
Heaven
Heaven
Kingdom of Heaven
Kingdom of God
Kingdom of the Earth

MENORAH

Atmashere of heaven

Veil of his blood

Mobile court

John verse 10:7
Jesus is the gate

Reuben :10 I am a gate.

Jesus

THRONE GO OF b!!!!

I need grace and mercy to help me

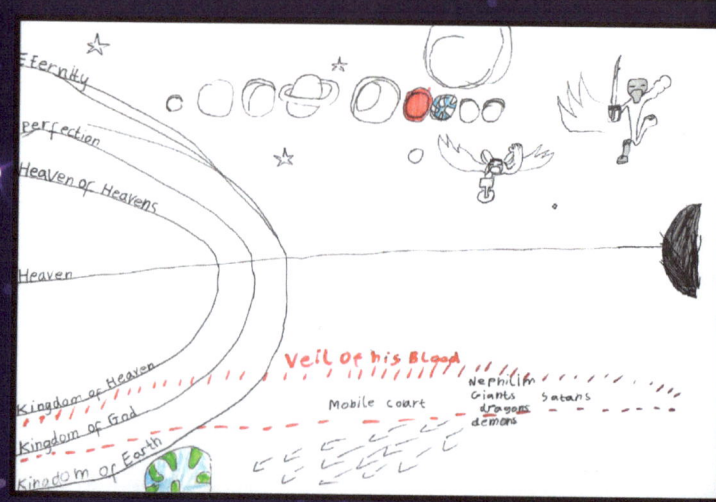

Eternity

Perfection

Heaven of Heavens

Heaven

Veil of his Blood

Kingdom of Heaven

Kingdom of God

Kingdom of Earth

Mobile court

Nephilim Giants dragons Satans demons

Este livro é o terceiro numa séries criada para inspirar crianças a explorar e envolver-se no Reino dos Reinos de Jeová.
Neste exploramos os Reinos do Reino, Montanhas e o Trono da Graça.